Impressum
Verlag: BABADADA GmbH, Nedderfeld 112 , 22529 Hamburg
Geschäftsführer / Verlagsleitung: Harald Hof
Druck: Books on Demand GmbH, In de Tarpen 42, 22848 Norderstedt

Imprint
Publisher: BABADADA GmbH, Nedderfeld 112 , 22529 Hamburg, Germany
Managing Director / Publishing direction: Harald Hof
Print: Books on Demand GmbH, In de Tarpen 42, 22848 Norderstedt

shule
la escuela

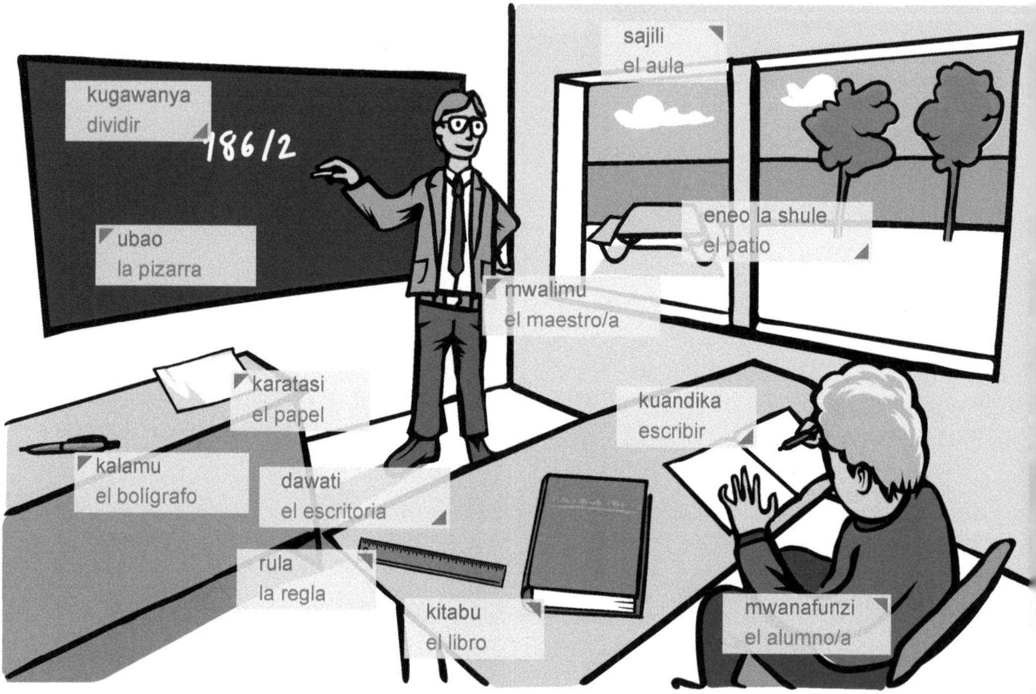
sajili
el aula
kugawanya
dividir
186/2
ubao
la pizarra
eneo la shule
el patio
mwalimu
el maestro/a
karatasi
el papel
kuandika
escribir
kalamu
el bolígrafo
dawati
el escritoria
rula
la regla
kitabu
el libro
mwanafunzi
el alumno/a

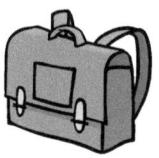

mkoba
la cartera

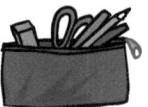

kikasha cha penseli
la caja de lápices

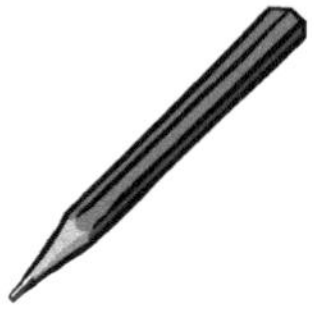

penseli
el lápiz

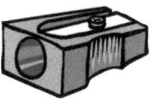

kichonga penseli
el sacapuntas

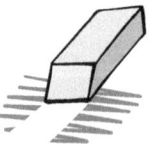

mpira
la goma de borrar

pedi ya kuchora
el cuaderno de dibujo

uchoraji

el dibujo

brashi ya rangi

el pincel

sanduku la rangi

la caja de pinturas

mkasi

las tijeras

gundi

el pegamento

daftari

el cuaderno de ejercicios

kazi ya nyumbani

los deberes

nambari

el número

jumlisha

sumar

ondoa

restar

zidisha

multiplicar

kokotoa

calcular

barua

la letra

alfabeti

el alfabeto

neno

la palabra

maandishi

el texto

kusoma

leer

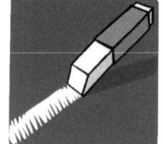

chaki

la tiza

somo

la lección

sajili

el cuaderno de notas

uchunguzi

el examen

cheti

el certificado

sare za shule

el uniforme

elimu

la educación

elezo

la enciclopedia

chuo kikuu

la universidad

darubini

el microscopio

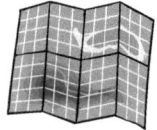

ramani

el mapa

kikapu cha kuweka karatasi chafu

la papelera

shule - la escuela

hoteli
el hotel

hosteli
el albergue

ROOMS

EXCHANGE

si ya ubadilishanaji
oficina de cambio de divisas

sanduku
la maleta

gari
el coche

lugha

el idioma

ndiyo / la

sí / no

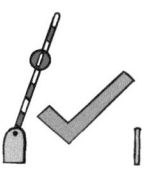

sawa

Vale

hujambo

hola

mtafsiri

el traductor

Asante

Gracias

kiasi gani ni ...?

¿cuánto es...?

Sielewi

No entiendo

tatizo

el problema

Jioni njema!

¡Buenas tardes!

Habari za asubuhi!

¡Buenos días!

Usiku mwema!

¡Buenas noches!

kwa heri

adiós

mwelekeo

la dirección

mizigo

el equipaje

mfuko

la bolsa

shanta

la mochila

mgeni

el invitado

chumba

la habitación

begi la kulalia

el saco de dormir

hema

la tienda de campaña

taarifa ya utalii

la información turística

ufuo

la playa

kadi

la tarjeta de crédito

kifunguakinywa

el desayuno

chakula cha mchana

el almuerzo

chakula cha jioni

la cena

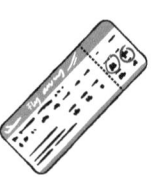

tiketi

el billete

kuinua

el ascensor

muhuri

el sello

mpaka

la frontera

mila

la aduana

ubalozi

la embajada

visa

la visa

pasipoti

el pasaporte

usafiri
el transporte

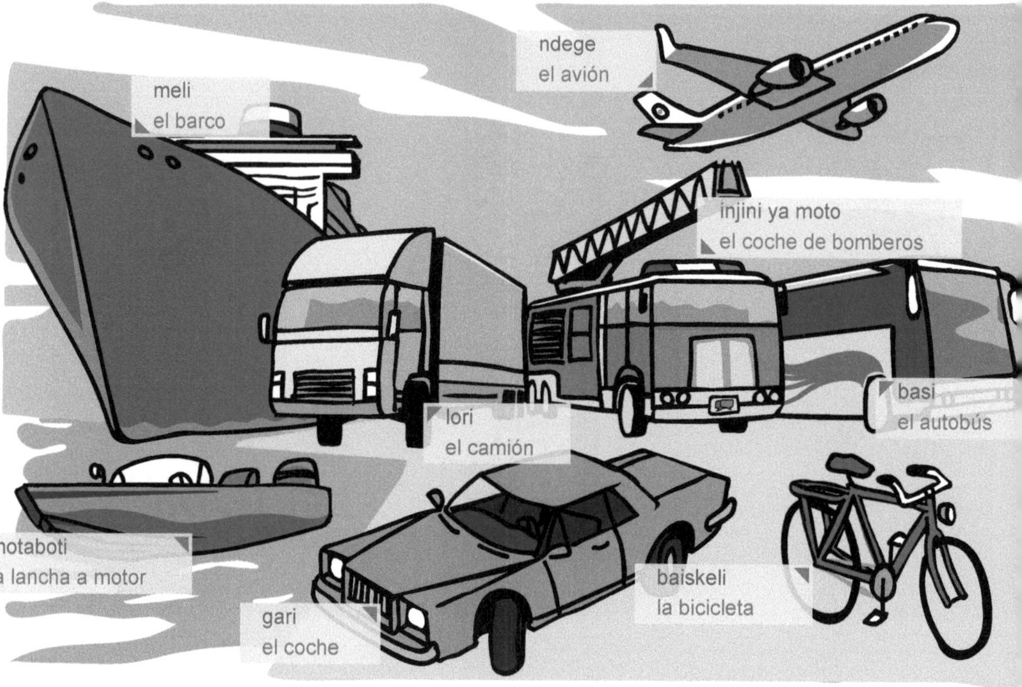

ndege
el avión
meli
el barco
injini ya moto
el coche de bomberos
basi
el autobús
lori
el camión
motaboti
la lancha a motor
baiskeli
la bicicleta
gari
el coche

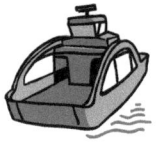

feri

el transbordador

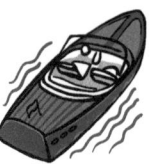

mashua

la barca

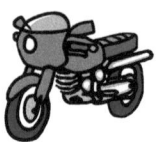

pikipiki

la moto

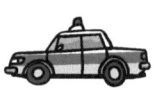

gari la polisi

el coche de policía

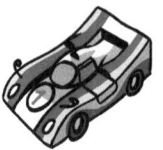

gari la mashindano

el coche de carreras

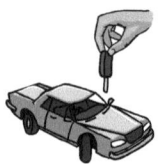

gari la kukodisha

el coche de alquiler

kushiriki gari

el préstamo de vehículos

lori la kuvuta

la grúa

ukusanyaji taka

el camión de la basura

motor

el motor

mafuta

la gasolina

kituo cha mafuta

la gasolinera

ishara trafiki

la señal de tráfico

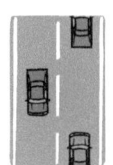

trafiki

el tráfico

msongamano

el atasco

maegesho

el aparcamiento

kituo cha treni

la estación de tren

reli

las vías

garimoshi

el tren

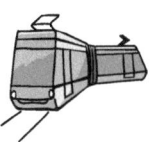

tremu

el tranvía

gari la mizigo

el vagón

helikopta
el helicóptero

uwanja wa ndege
el aeropuerto

mnara
la torre

abiria
el pasajero

chombo
el contenedor

katoni
la caja de cartón

mkokoteni
la carretilla

kikapu
la cesta

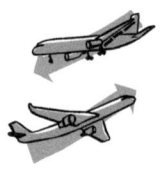

ondoka
despegar / aterrizar

jiji
la ciudad

kijiji
el pueblo

katikati ya jiji
el centro de la ciudad

nyumba
la casa

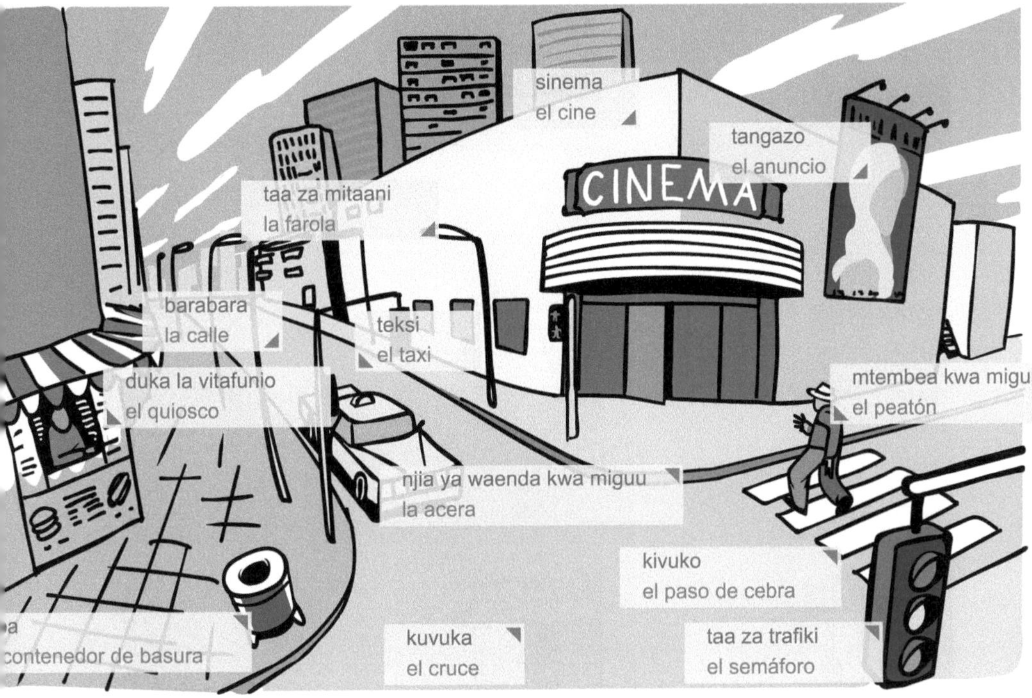

sinema
el cine

tangazo
el anuncio

taa za mitaani
la farola

barabara
la calle

teksi
el taxi

duka la vitafunio
el quiosco

mtembea kwa migu
el peatón

njia ya waenda kwa miguu
la acera

kivuko
el paso de cebra

a
contenedor de basura

kuvuka
el cruce

taa za trafiki
el semáforo

kibanda
la cabaña

gorofa
el apartamento

kituo cha treni
la estación de tren

ukumbi wa mji
el ayuntamiento

Makavazi
el museo

shule
la escuela

chuo kikuu

la universidad

benki

el banco

hospitali

el hospital

hoteli

el hotel

duka la dawa

la farmacia

ofisi

la oficina

duka la kitabu

la librería

duka

la tienda de campaña

duka la maua

la floristería

dukakuu

el supermercado

soko

el mercado

idara ya kuhifadhi

los grandes almacenes

mwuza samaki

la pescadería

kituo cha ununuzi

el centro comercial

bandari

el puerto

Hifadhi

el parque

benki

el banco

daraja

el puente

vidato

las escaleras

chini ya ardhi

el metro

handaki

el túnel

kituo cha mabasi

la parada de autobús

bar

el bar

mgahawa

el restaurante

sanduku la posta

el buzón

ishara ya barabara

el poste indicador

mita ya maegesho

el parquímetro

bustani ya wanyama

el zoo

kidimbwi cha kuogelea

la piscina

msikiti

la mezquita

shamba
la granja

uchafuzi
la contaminación

makaburini
el cementerio

kanisa
la iglesia

uwanja wa michezo
el patio de juego

hekalu
el templo

mazingira
el paisaje

jani
la hoja

ishara ya mwelekeo
la señal

njia
el camino

malisho
el prado

jiwe
la piedra

mtembeaji wa masafa
el excursionista

mti
el árbol

mto
el río

nyasi
la hierba

ua
la flor

bonde

el valle

kilima

la colina

ziwa

el lago

msitu

el bosque

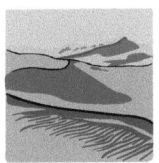

jangwa

el desierto

volkano

el volcán

ngome

el castillo

upinde wa mvua

el arcoíris

uyoga

el champiñón

mtende

la palmera

mbu

el mosquito

kuruka

la mosca

chungu

la hormiga

nyuki

la abeja

buibui

la araña

mende

el escarabajo

chura

la rana

kuchakuro

la ardilla

nungunungu

el erizo

sungura

la liebre

bundi

la lechuza

ndege

el pájaro

swan

el cisne

nguruwe mwitu

el jabalí

kulungu

el ciervo

aina ya kongoni

el alce

bwawa

la presa

tabo ya upepo

la turbina eólica

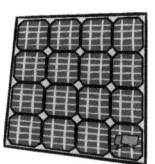

nishaji ya jua

el panel solar

hali ya hewa

el clima

mgahawa
el restaurante

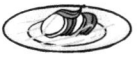

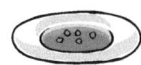

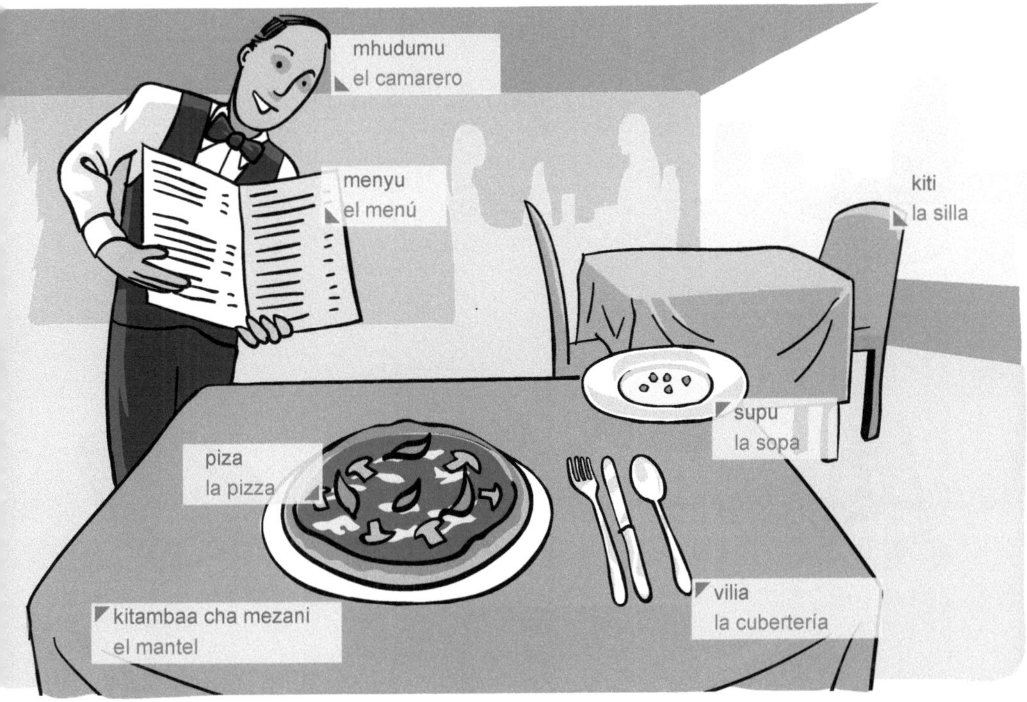
mhudumu
el camarero
menyu
el menú
kiti
la silla
supu
la sopa
piza
la pizza
vilia
la cubertería
kitambaa cha mezani
el mantel

kiamsha hamu

el primer plato

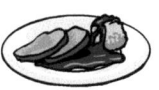

kozi kuu

el plato principal

kitindamlo

el postre

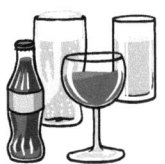

vinywaji

las bebidas

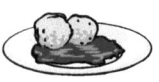

chakula

la comida

chupa

la botella

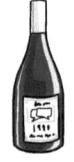

chakula cha haraka

la comida rápida

Streetfood

la comida callejera

buli

la tetera

kisanduku cha sukari

el azucarero

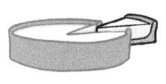

sehemu

la porción

mashine ya espresso

la cafetera expreso

kiti kirefu

la trona

muswada

la cuenta

trei

la bandeja

kisu

el cuchillo

uma

el tenedor

kijiko

la cuchara

kijiko cha chai

la cucharilla

nepi

la servilleta

glasi

el vaso

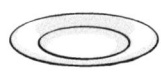

sahani

el plato

sahani ya supu

el plato hondo

sufuria

el platillo

mchuzi

la salsa

kichanyaji chumvi

el salero

kinu cha pilipili

el molinillo de pimienta

siki

el vinagre

mafuta

el aceite

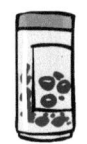

viungo

las especias

kechapu

el ketchup

haradali

la mostaza

kachumbari nzito

la mayonesa

dukakuu
el supermercado

ofa maalum
la oferta especial
FOR
mteja
el cliente
maziwa
los lácteos
matunda
la fruta
toroli
el carro de compra

BUTCHERS

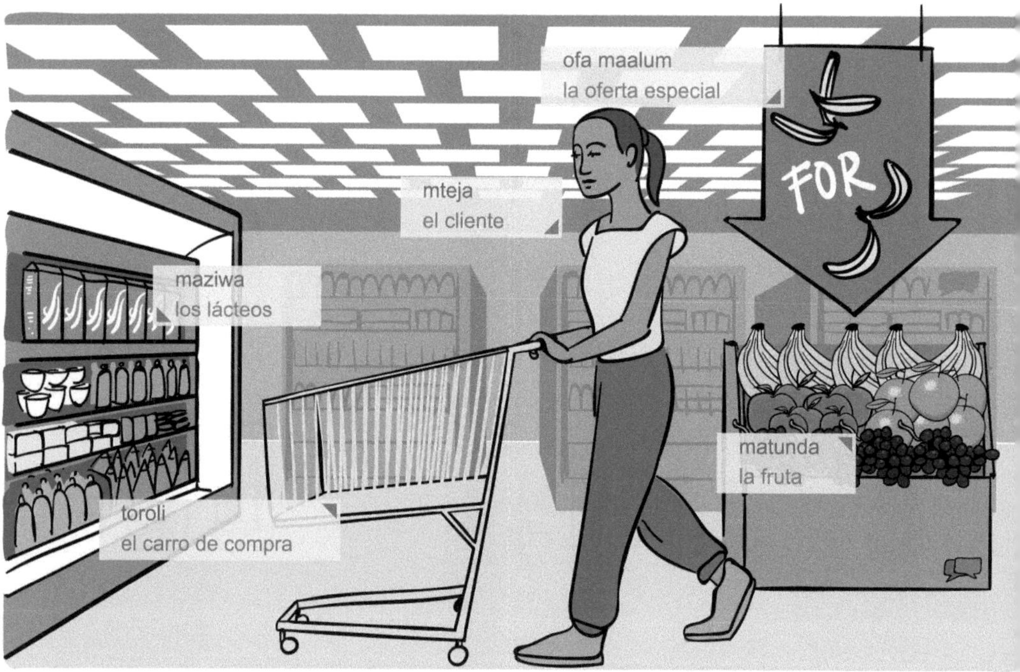

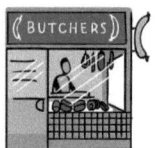

mchinjaji

la carniceria

BAKERY

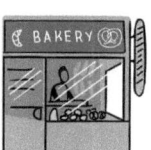

mwokaji

la panadería

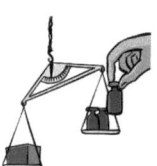

uzito

pesar

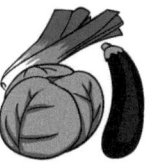

mboga

las verduras

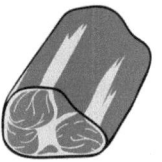

nyama

la carne

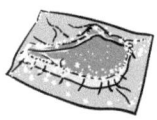

chakula waliohifadhiwa

los alimentos congelados

vipande vya nyama baridi

los fiambres

chakula cha kopo

las conservas

sabuni ya unga

el detergente en polvo

pipi

los dulces

bidhaa za kaya

productos de uso doméstico

bidhaa za kusafisha

productos de limpieza

mtu mauzo

la vendedora

mpaka

la caja de cartón

keshia

el cajero

orodha ya manunuzi

la lista de la compra

masaa ya ufunguzi

el horario de atención al público

mkoba

la cartera

kadi

la tarjeta de crédito

mfuko

la bolsa de plástico

mfuko wa plastiki

la bolsa de plástico

maji

el agua

sharubati

el zumo

maziwa

la leche

coke

la cola

mvinyo

el vino

bia

la cerveza

pombe

el alcohol

kakao

el cacao

chai

el té

kahawa

el café

spreso

el expreso

kapuchino

el capuchino

ndizi

el plátano

tufaha

la manzana

machungwa

la naranja

tikiti

el melón

lemon

el limón

karoti

la zanahoria

kitunguu saumu

el ajo

mianzi

el bambú

kitunguu

la cebolla

uyoga

el champiñón

karanga

las avellanas

nudo

los fideos

spageti

las espagueti

mpunga

el arroz

saladi

la ensalada

vibanzi

las patatas fritas

viazi vya kukaanga

las patatas fritas

piza

la pizza

hambaga

la hamburguesa

sandwichi

el sándwich

kipande

el filete

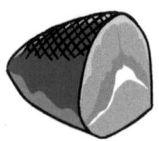

paja la mnyama

el jamón

salami

le salami

soseji

la salchicha

kuku

el pollo

choma

el asado

samaki

el pescado

oats ya uji

los copos de avena

muesli

el muesli

cornflakes

los copos de maíz

unga

la harina

kroisanti

el cruasán

andazi

el panecillo

mkate

el pan

mkate wa kubanika

la tostada

biskuti

las galletas

siagi

la mantequilla

maziwa mgando

la cuajada

keki

el pastel

yai

el huevo

yai kukaanga

el huevo frito

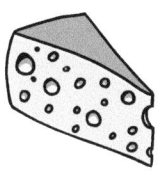

jibini

el queso

chakula - la comida

aiskrimu

el helado

sukari

el azúcar

asali

la miel

jemu

la mermelada

kuenea kwa chokoleti

la crema de turrón

mchuzi wa viungo

el curry

shamba
la granja

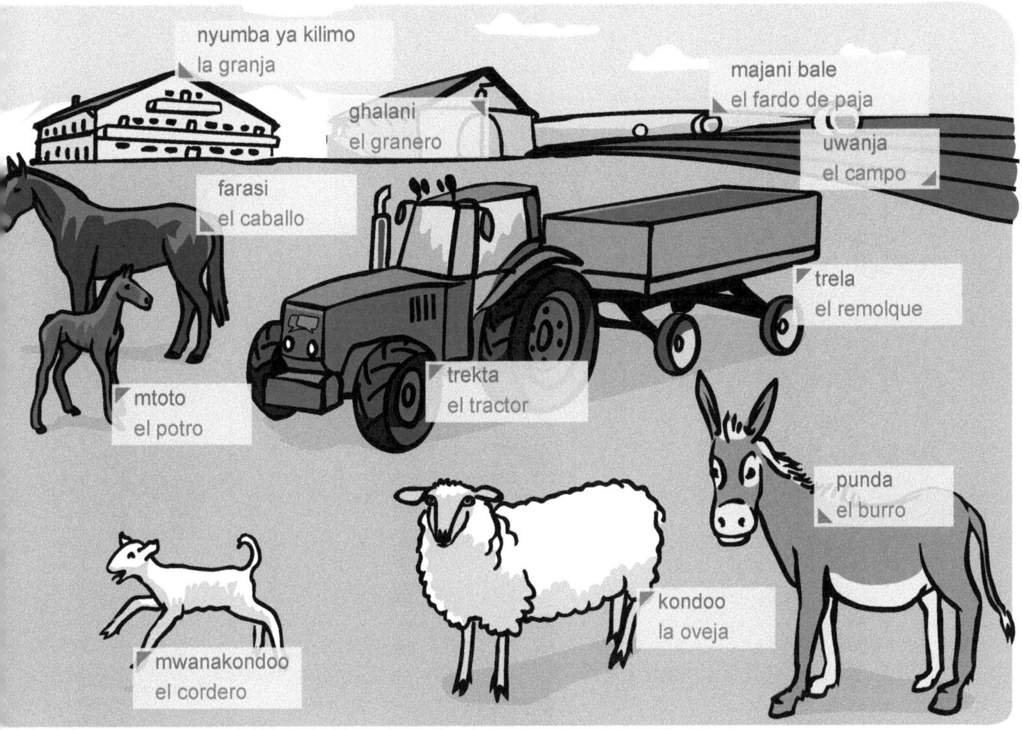

nyumba ya kilimo
la granja
ghalani
el granero
majani bale
el fardo de paja
uwanja
el campo
farasi
el caballo
trela
el remolque
trekta
el tractor
mtoto
el potro
punda
el burro
kondoo
la oveja
mwanakondoo
el cordero

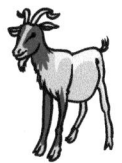

mbuzi
la cabra

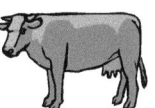

ng'ombe
la vaca

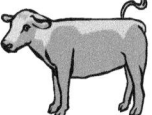

ndama
el ternero

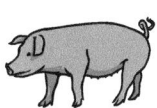

nguruwe
el cerdo

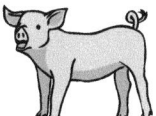

mwananguruwe
el cerdito

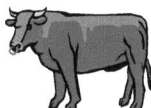

fahali
el toro

batabukini

el ganso

bata

el pato

kifaranga

el pollo

kuku

la gallina

jogoo

el gallo

panya

la rata

paka

el gato

panya

el ratón

ng'ombe

el buey

mbwa

el perro

nyumba ya mbwa

la perrera

bomba la bustani

la manguera

debe la kumwagilia maji

la regadera

fyekeo

la guadaña

kulima

el arado

mundu

la hoz

jembe

la azada

uma wa nyasi

la horca

shoka

el hacha

toroli

la carretilla

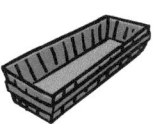

kupitia nyimbo

el abrevadero

chombo cha maziwa

la lechera

gunia

el saco

ua

la valla

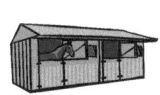

imara

el establo

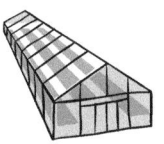

chafu

el invernadero

udongo

el suelo

mbegu

la semilla

mbolea

el fertilizador

kivunaji

la cosechadora

shamba - la granja

mavuno
cosechar

mavuno
la cosecha

viazi vikuu
el ñame

ngano
el trigo

soya
el soja

viazi
la patata

mahindi
el maíz

rapa
la semilla de colza

mti wa matunda
el árbol frutal

muhogo
la mandioca

nafaka
las cereales

nyumba
la casa

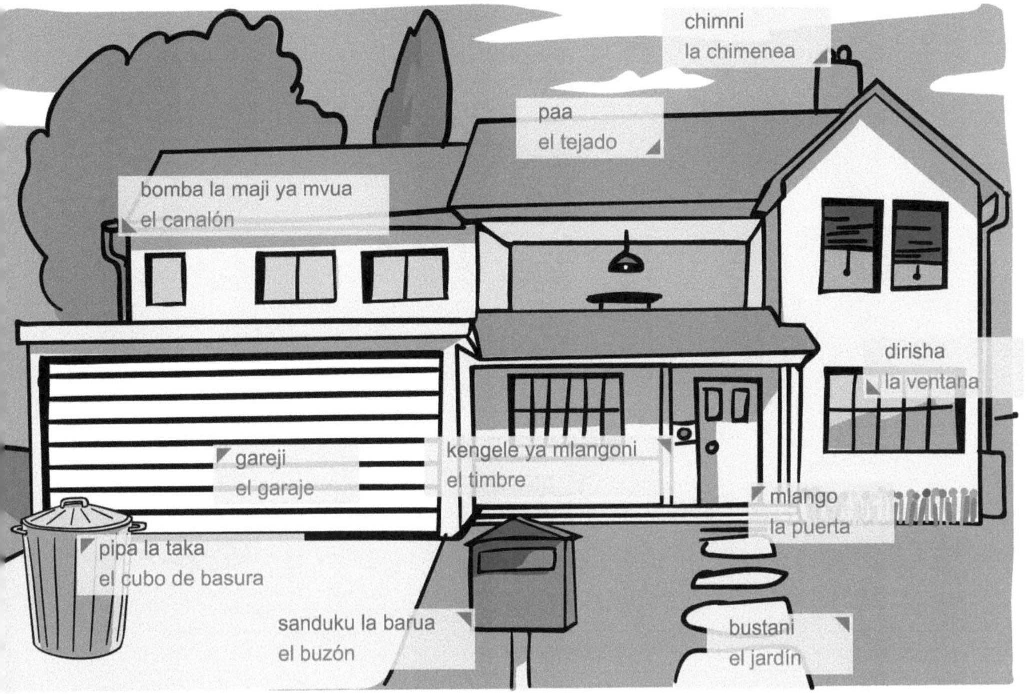
chimni
la chimenea
paa
el tejado
bomba la maji ya mvua
el canalón
dirisha
la ventana
gareji
el garaje
kengele ya mlangoni
el timbre
mlango
la puerta
pipa la taka
el cubo de basura
sanduku la barua
el buzón
bustani
el jardín

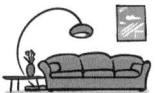

sebuleni
....
la sala

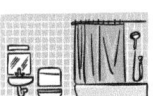

bafu
....
el cuarto de baño

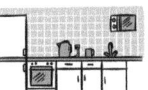

jikoni
....
la cocina

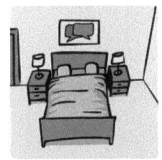

chumba cha kulala
....
el dormitorio

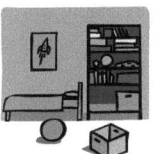

chumba ya mtoto
....
la habitación de los niños

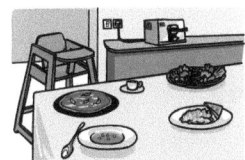

chumba cha kulia
....
el comedor

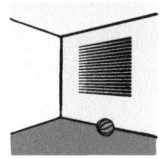

sakafu

el suelo

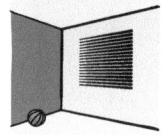

ukuta

la pared

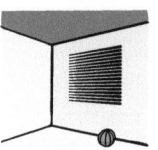

dari

el techo

pishi

el sótano

sauna

la sauna

roshani

el balcón

mtaro

la terraza

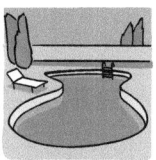

kidimbwi

la piscina

mashine ya kukata nyasi

el cortacésped

karatasi

la sábana

kitambaa cha kupamba
kitanda

la colcha

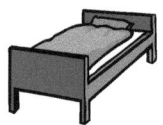

kitanda

la cama

ufagio

la escoba

ndoo

el balde

kubadili

el interruptor

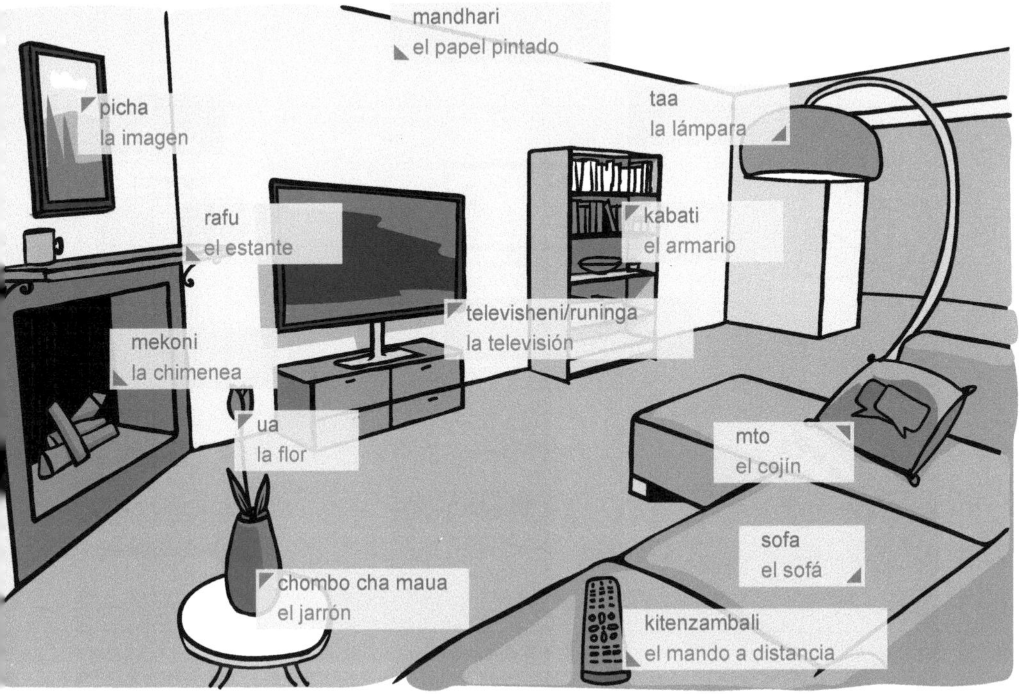

mandhari
el papel pintado

picha
la imagen

taa
la lámpara

rafu
el estante

kabati
el armario

mekoni
la chimenea

televisheni/runinga
la televisión

ua
la flor

mto
el cojín

sofa
el sofá

chombo cha maua
el jarrón

kitenzambali
el mando a distancia

zulia
la alfombra

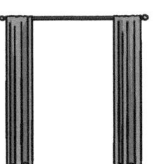

pazia
la cortina

meza
la mesa

kiti
la silla

kiti cha bembea
el mecedora

armchair
la butaca

kitabu

el libro

blanketi

la manta

mapambo

la decoración

kuni

la leña

filamu

la película

kifaa cha hi-fi

el equipo de música

ufunguo

la llave

gazeti

el periódico

uchoraji

la pintura

bango

el póster

redio

la radio

daftari

el cuaderno

kifyonza

la aspiradora

dungusi kakati

el cactus

mshumaa

la vela

jikoni
la cocina

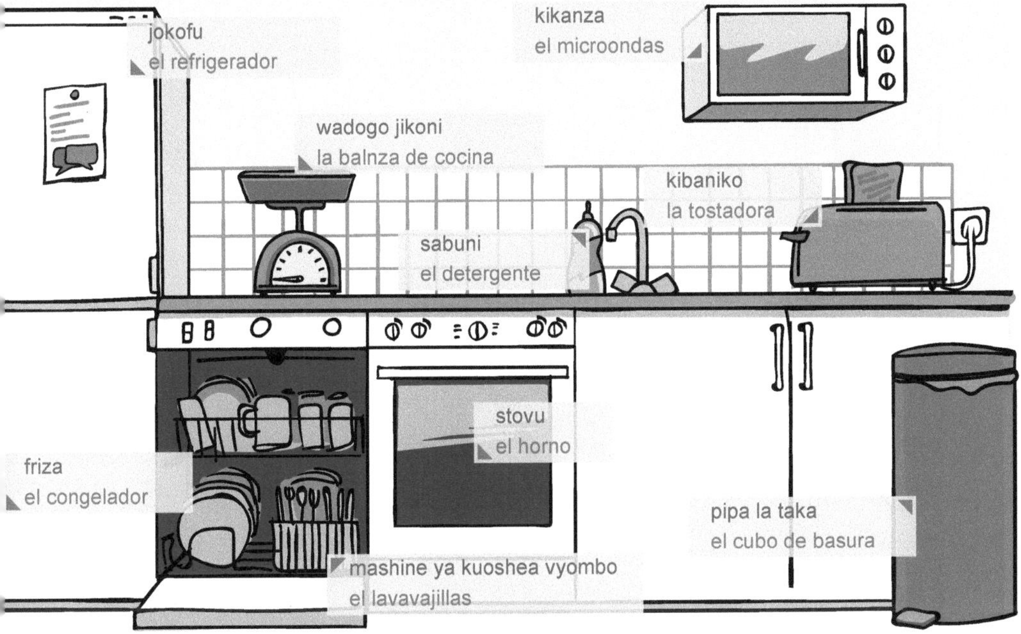

jokofu
el refrigerador
kikanza
el microondas
wadogo jikoni
la balnza de cocina
kibaniko
la tostadora
sabuni
el detergente
stovu
el horno
friza
el congelador
pipa la taka
el cubo de basura
mashine ya kuoshea vyombo
el lavavajillas

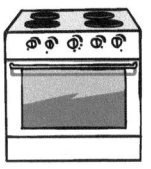

jiko la kupika
la olla a presión

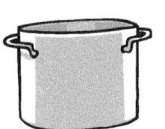

chungu
la olla

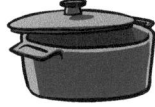

sufuria ya chuma
la olla de hierro fundido

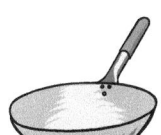

wok / kadai
el wok

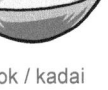

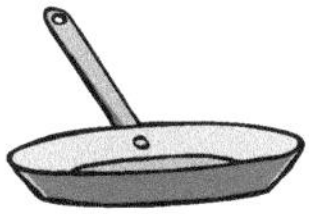
kaango
la cazuela

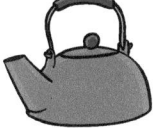

birika
el hervidor

stima
la vaporera

sinia ya kuoka
la chapa de horno

vyombo vya udongo
la vajilla

kombe
la taza

bakuli
el tazón

vijiti vya kulia
los palillos

ukawa
el cucharón

mwiko mpana
la espumadera

burashi
el batidor

kichujio
el colador

chujio
el cedazo

mbuzi
el rallador

chokaa
el mortero

barbeque
la barbacoa

moto wazi
la hoguera

ubao wa majaribio

la tabla de picar

kijiti cha kusukuma unga

el rodillo

kizibuo

el sacacorchos

kopo

la lata

inaweza kopo

el abrelatas

kishikio cha chungu

el agarrador

karo

el lavabo

brashi

el cepillo

sifongo

la esponja

kisagaji matunda

la batidora

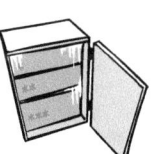

friji ya kina

el congelador

chupa ya mtoto

el biberón

bomba

el grifo

bafu
el cuarto de baño

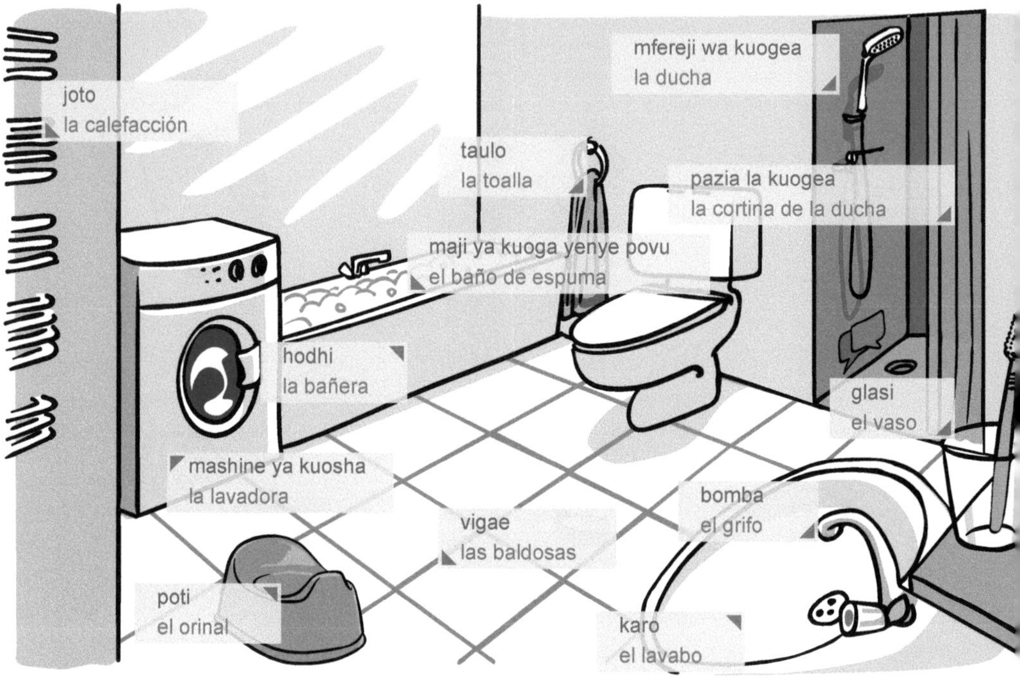

joto
la calefacción
mfereji wa kuogea
la ducha
taulo
la toalla
pazia la kuogea
la cortina de la ducha
maji ya kuoga yenye povu
el baño de espuma
hodhi
la bañera
glasi
el vaso
mashine ya kuosha
la lavadora
bomba
el grifo
vigae
las baldosas
poti
el orinal
karo
el lavabo

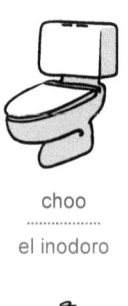

choo

el inodoro

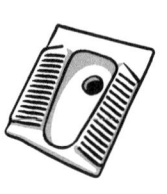

choo cha squat

el inodoro rústico

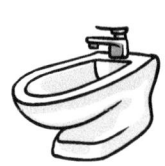

beseni la mviringo

el bidé

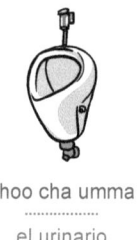

choo cha umma

el urinario

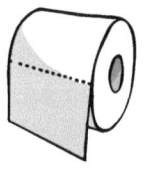

shashi

el papel higiénico

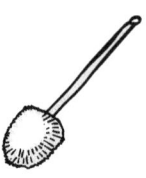

brashi ya choo

la escobilla del váter

mswaki

el cepillo de dientes

dawa ya meno

la pasta de dientes

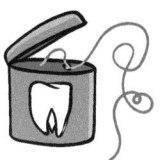

dawa ya meno

el hilo dental

safisha

lavar

kuoga mkono

la ducha de mano

msukumo wa maji

la ducha íntima

bonde

la pila

mpako wa pili

el cepillo de espalda

sabuni

el jabón

jeli ya kuogea

el gel de ducha

shampuu

el champú

flana

la toallita

toa maji

el desagüe

krimu

la crema

kiondoa harufu

el desodorante

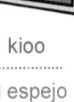

kioo

el espejo

kioo mkono

el espejo de tocador

kinyozi

la maquinilla de afeitar

povu la kunyoa

la espuma de afeitar

baada ya kunyoa

la loción postafeitado

kichana

el peine

brashi

el cepillo

kikausha nywele

el secador

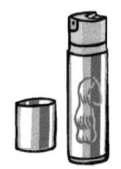

marashi ya nyewele

la laca

vipodozi

el maquillaje

kidomwa

el pintalabios

varnish ya msumari

el pintauñas

pamba

el algodón

mkasi wa kucha

el cortauñas

manukato

el perfume

mkoba wa kuosha

el estuche de viaje

kinyesi

la banqueta

mizani

la balanza

nguo ya kuoga

el albornoz

glavu za mpira

los guantes de goma

kisodo

el tampón

sodo

la compresa

kemikali choo

el inodoro químico

chumba ya mtoto
la habitación de los niños

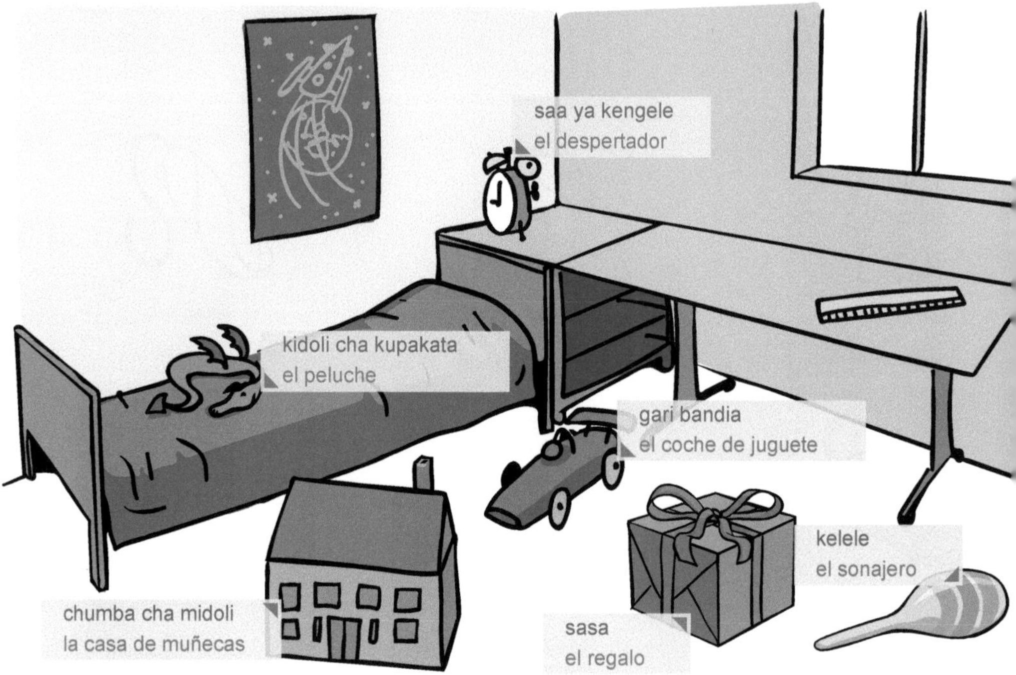

saa ya kengele
el despertador
kidoli cha kupakata
el peluche
gari bandia
el coche de juguete
kelele
el sonajero
chumba cha midoli
la casa de muñecas
sasa
el regalo

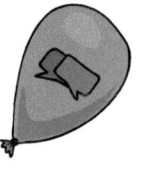

baluni
el globo

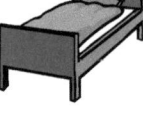

kitanda
la cama

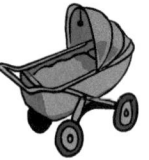

mashua
el coche de niño

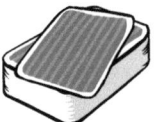

staha ya kadi
los naipes

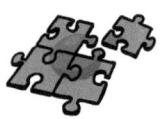

mchezo-fumb
el puzle

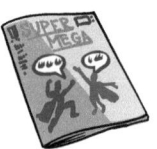

vichekesho
el tebeo

matofali lego

las piezas de lego

vitalu mwigo

los bloques de juguete

hatua takwimu

la figura de acción

suti ya kulalia

el bodi (de bebé)

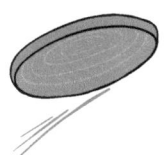

kisahani

el frisbee

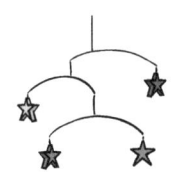

simu

el colgador móvil para bebés

ubao wa michezo

el juego de mesa

kete

los dados

garimoshi mwigo

el circuito de tren eléctrico

dummy

el maniquí

chama

la fiesta

picha kitabu

el álbum de fotos

mpira

la pelota

kikaragosi

la muñeca

kucheza

jugar

shimo la mchanga

el cajón de arena

bembea

el columpio

vitu bandia

los juguetes

kiweko cha video ya mchezo

la videoconsola

baiskeli ya magurudumu

el triciclo

matatu

mwanasesere

el oso de peluche

kabati

la guardarropa

nguo

la ropa

soksi

los calcetines

stokingi

las medias

kibano

los leotardos

skafu
la bufanda

ukanda
el cinturón

mwavuli
el paraguas

fulana
la camiseta

viatu
las botas

ndara
las zapatillas

wakufunzi
las deportivas

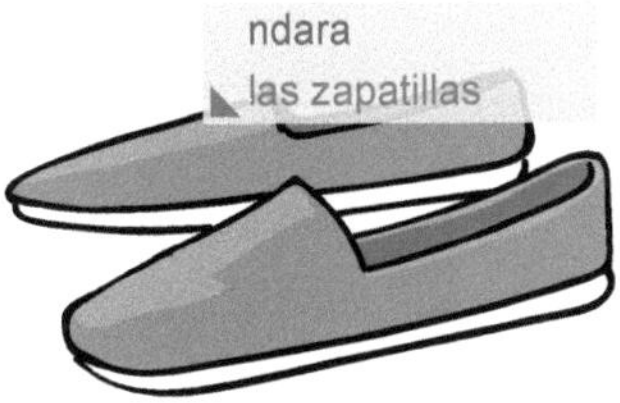

malapa
las sandalias

viatu
los zapatos

mabuti ya mpira
las botas de goma

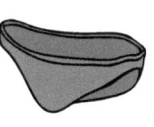

suruali ya ndani
el slip

sidiria
el sostén

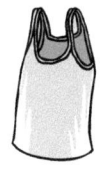

fulana
el chaleco

mwili

el bodi

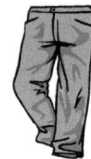

suruali

los pantalones cortos

dangirizi

los vaqueros

sketi

la falda

blauzi

la blusa

shati

la camisa

vuta

el jersey

sweta

el suéter

bleza

el blazer

jaketi

la chaqueta

koti

el abrigo

koti la mvua

la gabardina

maleba

el traje

gauni

el vestido

mavazi ya harusi

el vestido de novia

suti
el traje

vazi la usiku
el camisón

pajama
el pijama

sari
el sati

skafu
el bandana

kilemba
el turbante

burka
la burka

kaftan
el caftán

abaya
la abaya

vazi la kuogelea
el traje de baño

vazi la kiume la kuogelea
el bañador

kaptura
los pantalones cortos

teitei
el chándal

aproni
el delantal

glavu
los guantes

kifungo

el botón

glasi

las gafas

bangili

el brazalete

mkufu

el collar

pete

el anillo

herini

el pendiente

kofia

la gorra

kiango cha koti

la percha

kofia

el sombrero

tai

la corbata

zipu

la cremallera

kofia

el casco

kanda za suruali

los tirantes

sare za shule

el uniforme

sare

el uniforme

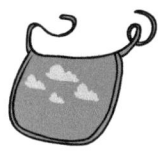

bibu

el babero

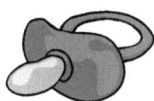

dummy

el maniquí

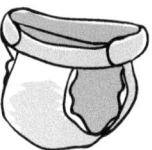

nepi

el pañal

ofisi
la oficina

seva
el servidor
kabati la kuweka faili
el archivo
kichapishaji
la impresora
karatasi
el papel
kiwambo
el monitor
kipanya
el ratón
dawati
el escritoria
folda
la carpeta
kibodi
el teclado
cha kuweka karatasi chafu
elera
kompyuta
el ordenador
kiti
la silla

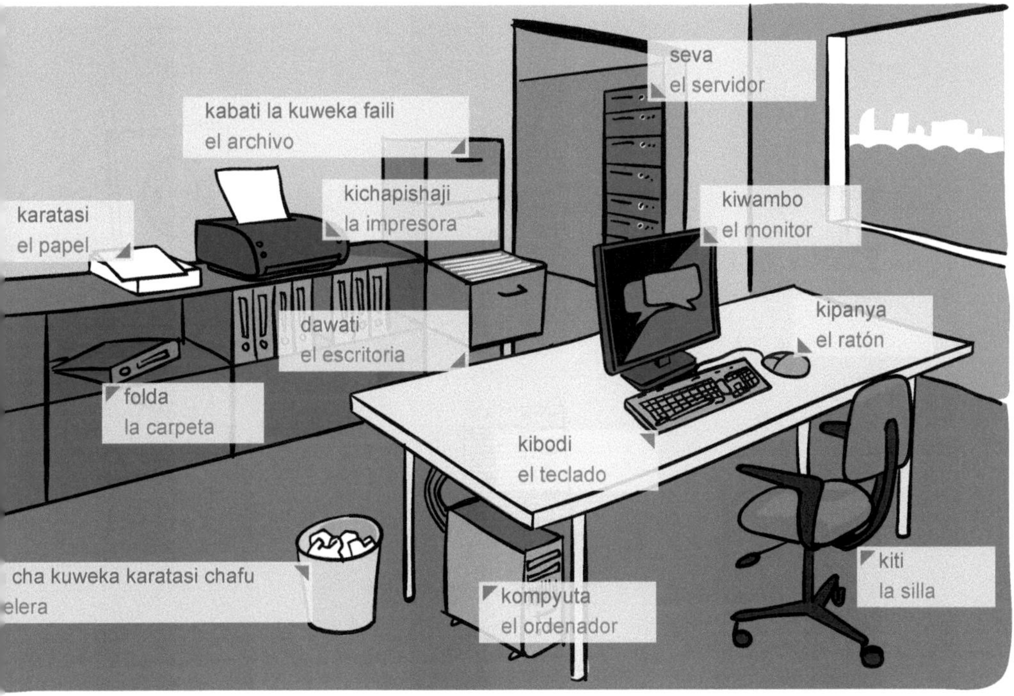

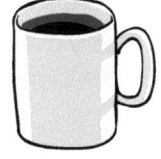

kmobe la kahawa

la taza de café

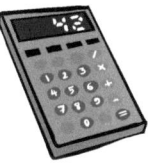

kikokotoo

la calculadora

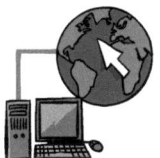

biashara

el internet

mbali

el portátil

barua

la carta

ujumbe

el mensaje

rununu

el móvil

intaneti

la red

fotokopia

la fotocopiadora

programu

el software

simu

el teléfono

soketi

la toma de corriente

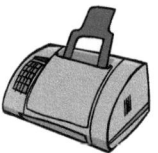

kipepesi

el fax

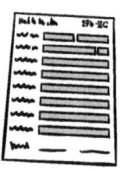

fomu

el formulario

hati

el documento

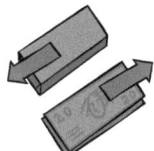

kununua
....
comprar

kulipa
....
pagar

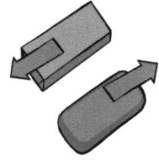

biashara
....
comerciar

fedha
....
el dinero

USD

dola
....
el dólar

EUR

yuro
....
el euro

JPY

yeni
....
el yen

RUB

rouble
....
el rublo

CHF

faranga ya Uswisi
....
el franco suizo

CNY

renminbi yuan
....
el renminbi yuan

INR

rupia
....
la rupia

eneo la kulipia
....
el cajero automático

ofisi ya ubadilishanaji

la oficina de cambio de divisas

dhahabu

el oro

fedha

la plata

mafuta

el petróleo

nishati

la energía

bei

el precio

mkataba

el contrato

kodi

el impuesto

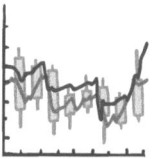

bidhaa

la acción

kazi

trabajar

mfanyakazi

el empleador

mwajiri

el empleador

kiwanda

la fábrica

duka

la tienda de campaña

kazi
los oficios

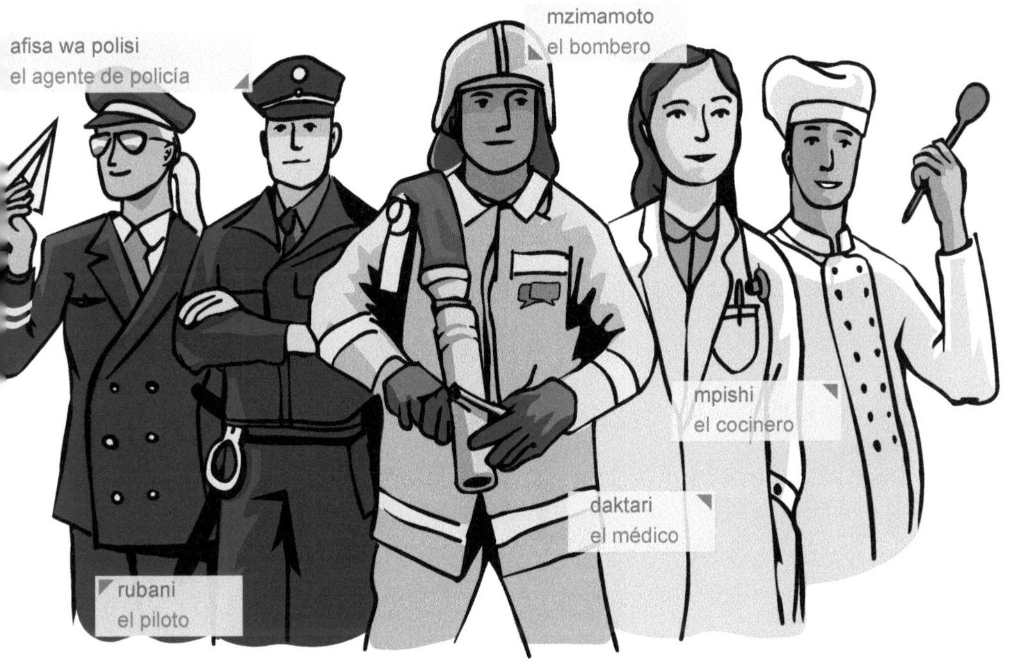
afisa wa polisi
el agente de policía
mzimamoto
el bombero
mpishi
el cocinero
daktari
el médico
rubani
el piloto

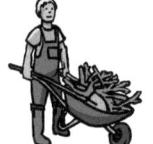

mtunza bustani

el jardinero

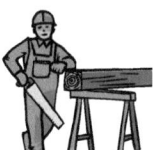

seremala

el carpintero

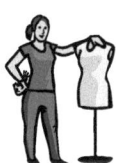

mshonaji

la costurera

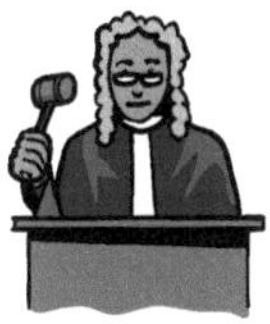

hakimu

el juez

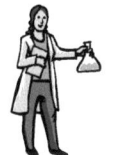

mwanakemia

el farmacéutico

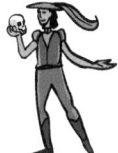

muigizaji

el actor

dereva wa basi

el conductor de autobús

dereva wa teksi

el taxista

mvuvi

el pescador

mwanamke wa kusafisha

la señora de la limpieza

mwezekaji

el techador

mhudumu

el camarero

mwindaji

el cazador

mchoraji

el pintor

mwokaji

el panadero

umeme

el electricista

mjenzi

el obrero

mhandisi

el ingeniero

mchinjaji

el carnicero

fundi bomba

el fontanero

mwanaposta

el cartero

mwanajeshi

el soldado

msanifu majengo

el arquitecto

keshia

el cajero

muuza maua

el florista

msusi

el peluquero

kondakta

el revisor

mekanika

el mecánico

nahodha

el capitán

daktari wa meno

el dentista

mwanasayansi

el científico

rabbi

el rabino

imamu

el imán

mtawa

el monje

kasisi

el sacerdote

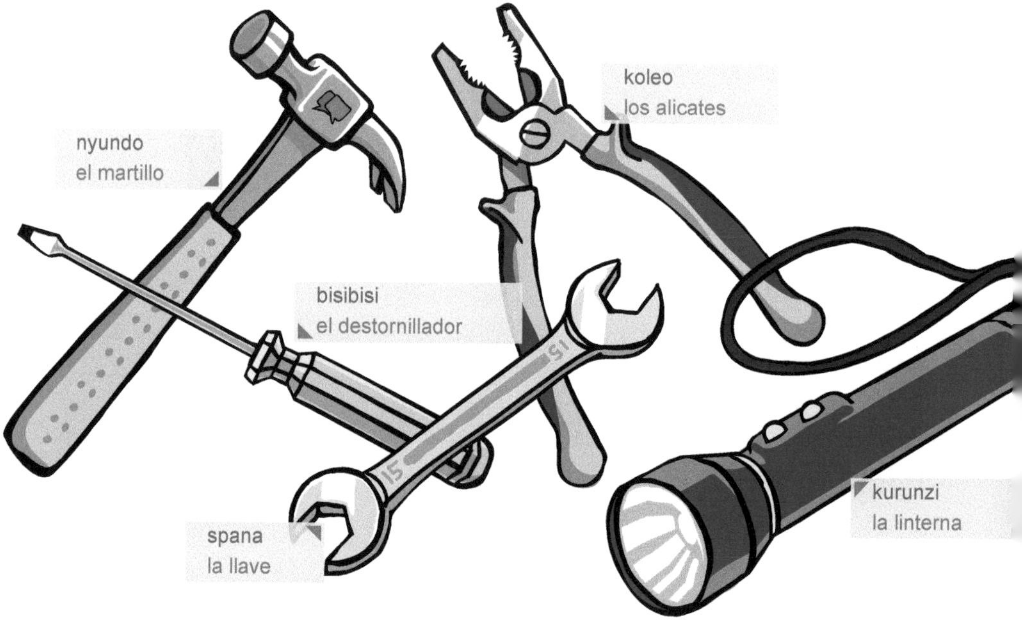

nyundo
el martillo

koleo
los alicates

bisibisi
el destornillador

spana
la llave

kurunzi
la linterna

mchimbaji
la excavadora

sanduku la vifaa
la caja de herramientas

ngazi
la escalera de mano

msumeno
la sierra

misumari
los clavos

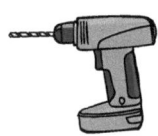

kuchimba visima
el taladro

kukarabati
....
reparar

sepetu
....
la pala

Lo!
....
¡Maldita sea!

kishikio cha uchafu
....
el recogedor

chungu cha rangi
....
el bote de pintura

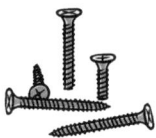

skurubu
....
los tornillos

ala za muziki
los instrumentos musicales

spika
el altavoz

mpangilio wa ngoma
la batería

gita
la guitarra

besi mara mbili
el contrabajo

tarumbeta
la trompeta

piano

el piano

fidla

el violín

ubeji

bajo

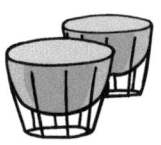

timpani

los timbales

ngoma

el tambor

kibodi

el teclado

saksafoni

el saxofón

filimbi

la flauta

maikrofoni

el micrófono

ala za muziki - los instrumentos musicales

bustani ya wanyama

el zoo

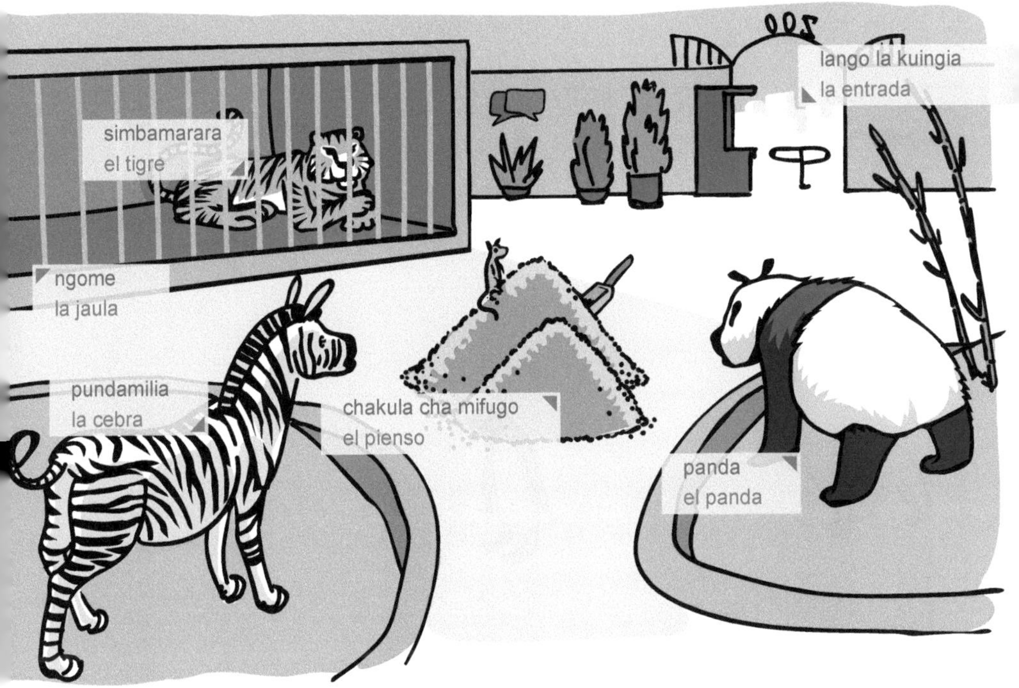
lango la kuingia
la entrada
simbamarara
el tigre
ngome
la jaula
pundamilia
la cebra
chakula cha mifugo
el pienso
panda
el panda

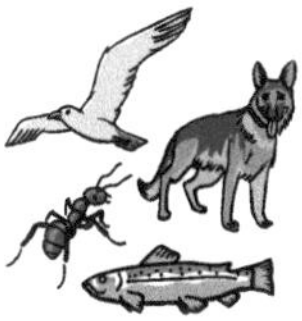

wanyama

los animales

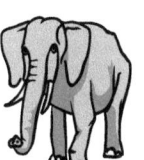

tembo

el elefante

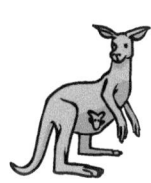

kangaruu

el canguro

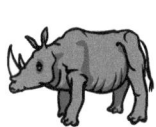

kifaru

el rinoceronte

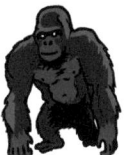

sokwe

el gorila

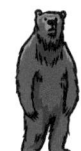

dubu

el oso

ngamia

el camello

mbuni

el avestruz

simba

el león

tumbili

el mono

heroe

el flamingo

kasuku

el loro

dubu

el oso polar

penguini

el pingüino

papa

el tiburón

tausi

el pavo real

nyoka

la serpiente

mamba

el cocodrilo

mtunza wanyama

el guardián de zoológico

muhuri

la foca

jaguar

el jaguar

mwanafarasi
el poni

chui
el leopardo

kiboko
el hipopótamo

twiga
la jirafa

tai
el águila

nguruwe mwitu
el jabalí

samaki
el pescado

kobe
la tortuga

sili
la morsa

mbweha
el zorro

paa
la gacela

los deportes

soka ya marekani
el fútbol americano

uendeshaji baiskeli
el ciclismo

tenisi
el tenis

mpira wa kikapu
el baloncesto

kuogelea
la natación

ndondi
el boxeo

magongo ya barafuni
el hockey sobre hielo

soka
el fútbol

vinyoya
el bádminton

riadha
el atletismo

mpira wa mikono
el balonmano

skii
el esquí

polo
el polo

shughuli
las actividades

cheka
reír
kuruka
saltar
kumbatia
abrazar
kutembea
caminar
kuimba
cantar
ota ndoto
soñar
kuomba
rezar
busu
besar

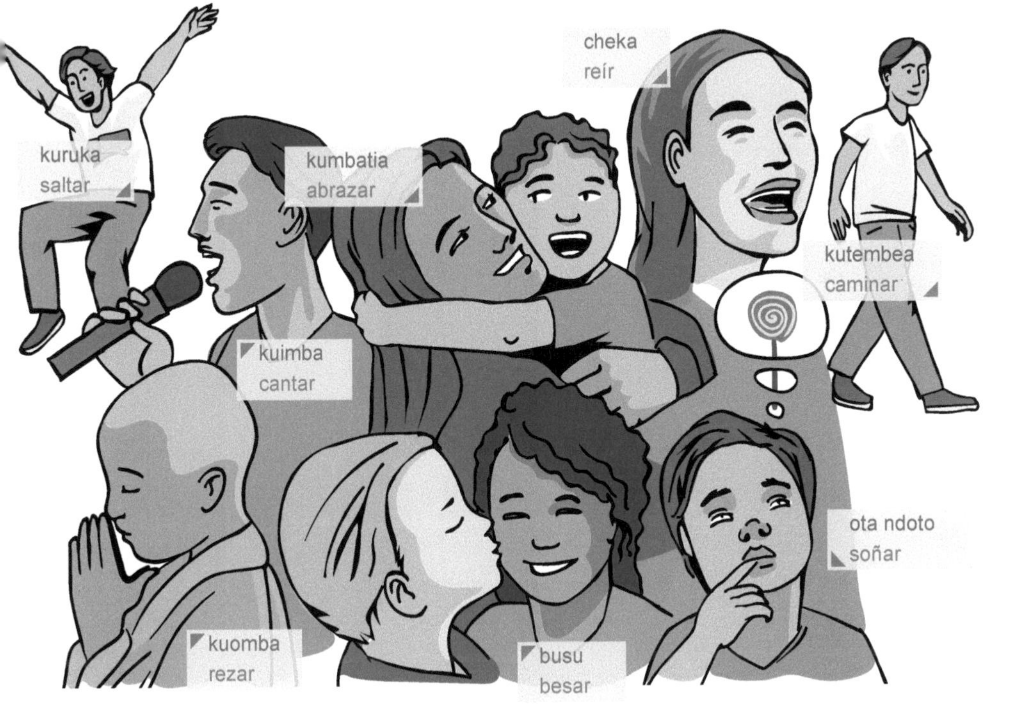

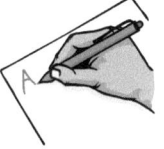

kuandika
escribir

kuteka
dibujar

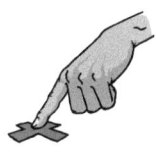

angalia
mostrar

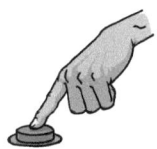

sukuma
empujar

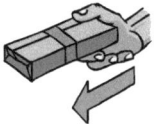

kutoa
dar

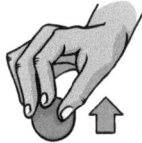

kuchukua
tomar

kuwa

tener

fanya

hacer

kuwa

ser

kusimama

estar de pie

kukimbia

correr

vuta

tirar

kutupa

tirar

kuanguka

caer

hadaa

yacer

kusubiri

esperar

kubeba

llevar

kukaa

estar sentado

vaa nguo

vestirse

usingizi

dormir

kuamka

despertar

kuangalia

mirar

lia

llorar

kiharusi

acariciar

chana nywele

peinar

ongea

hablar

kuelewa

entender

kuuliza

preguntar

kusikiliza

escuchar

kunywa

beber

kula

comer

nadhifisha

ordenar

upendo

amar

mpishi

cocinar

gari

conducir

kuruka

volar

meli

navegar

kokotoa

calcular

kusoma

leer

kujifunza

aprender

kazi

trabajar

kuoa

casarse

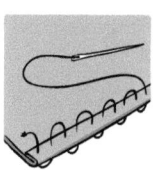

kushona

coser

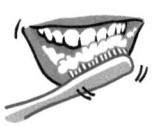

piga mswaki

cepillarse los dientes

kuua

matar

moshi

fumar

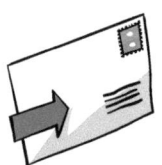

kutuma

enviar

familia

la familia

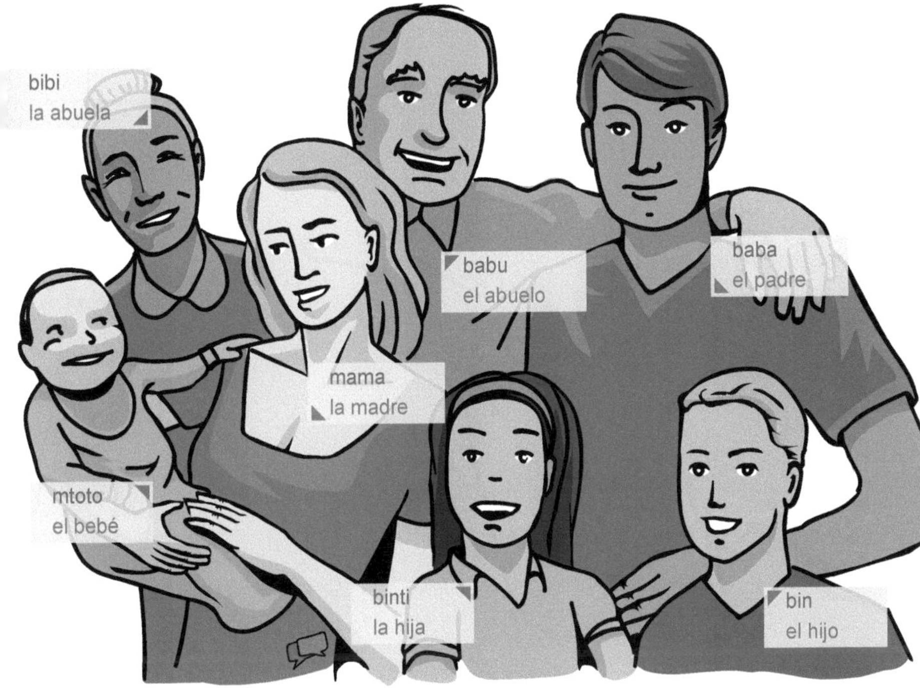

bibi
la abuela
babu
el abuelo
baba
el padre
mama
la madre
mtoto
el bebé
binti
la hija
bin
el hijo

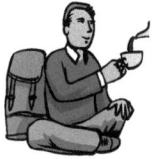

mgeni

el invitado

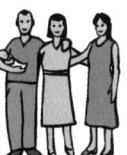

shangazi

la tía

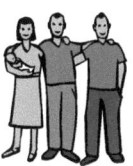

mjomba

el tío

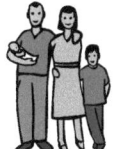

kaka

el hermano

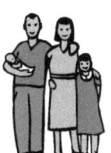

dada

la hermana

mwili

el cuerpo

paji la uso
la frente
jicho
el ojo
bega
el hombro
kidole
el dedo
uso
la cara
kidevu
la barbilla
mkono
la mano
mguu
la pierna
matiti
el pecho
mkono
el brazo

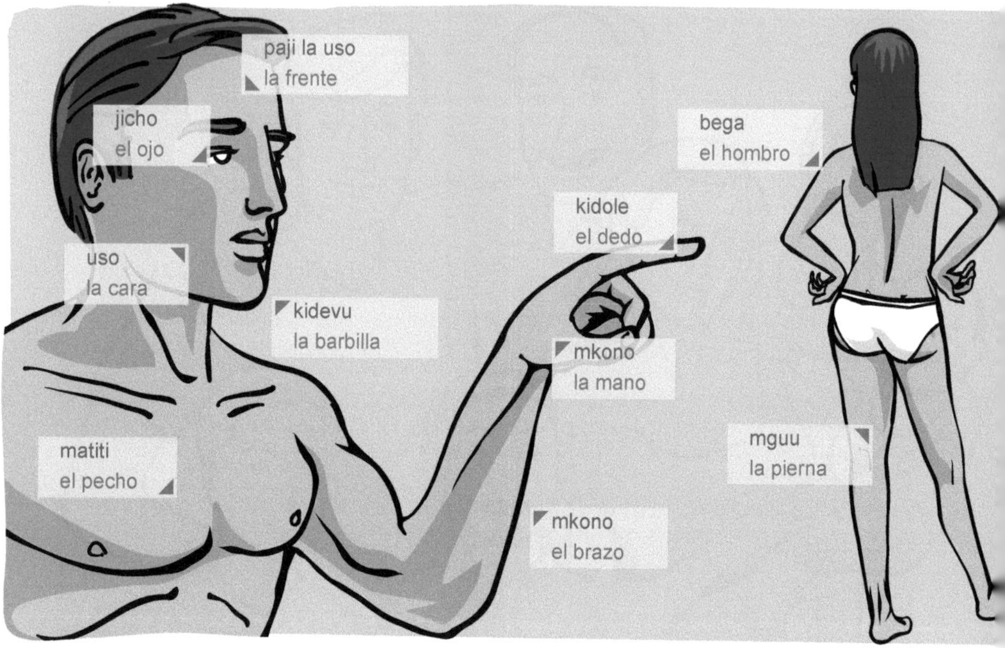

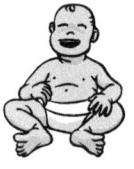

mtoto

el bebé

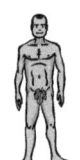

mwanamume

el hombre

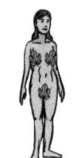

mwanamke

la mujer

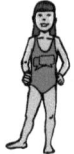

msichana

la chica

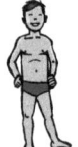

mvulana

el chico

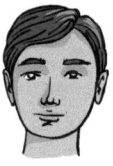

kichwa

la cabeza

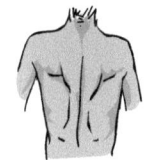

nyuma

la espalda

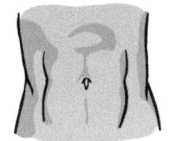

tumbo

el vientre

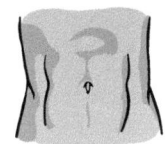

kitovu

el ombligo

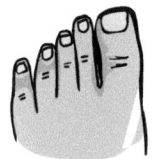

chano

el dedo del pie

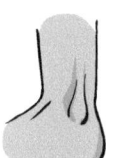

kisigino

el talón

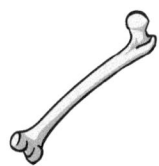

mfupa

el hueso

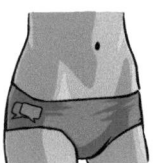

nyonga

la cadera

goti

la rodilla

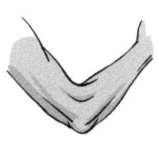

kiwiko

el codo

pua

la nariz

chini

el trasero

ngozi

la piel

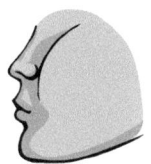

shavu

la mejilla

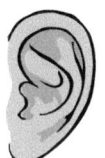

sikio

el oído

mdomo

el labio

kinywa

la boca

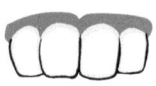

jino

el diente

ulimi

la lengua

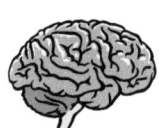

ubongo

el cerebro

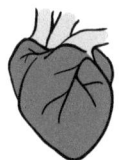

moyo

el corazón

misuli

el músculo

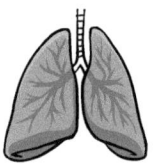

pafu

el pulmón

ini

el hígado

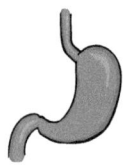

tumbo

el estómago

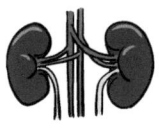

figo

los riñones

jinsia

el sexo

kondomu

el condón

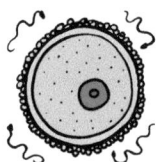

ovari

el ovario

shahawa

el semen

mimba

el embarazo

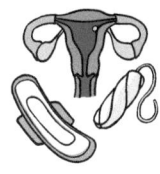

hedhi

la menstruación

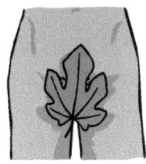

uke

la vagina

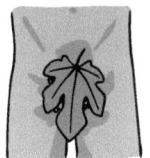

uume

el pene

unyusi

la ceja

nywele

el pelo

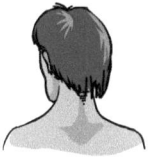

shingo

el cuello

hospitali

el hospital

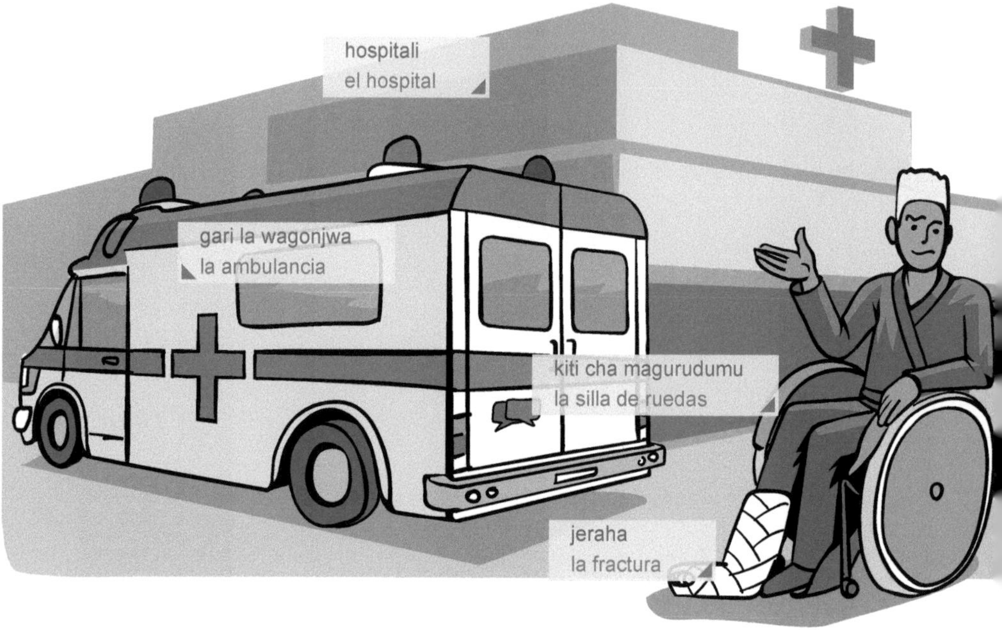

hospitali
el hospital
gari la wagonjwa
la ambulancia
kiti cha magurudumu
la silla de ruedas
jeraha
la fractura

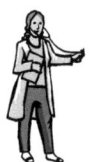

daktari

el médico

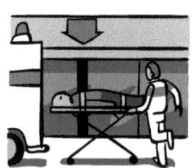

chumba cha dharura

la sala de urgencias

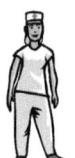

muuguzi

la enfermera

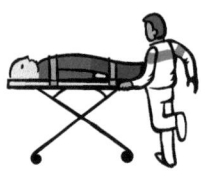

dharura

la urgencia

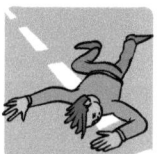

kupoteza fahamu

inconsciente

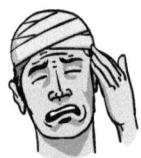

maumivu

el dolor

kuumia

la lesión

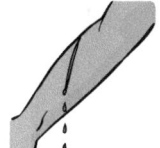

kutokwa na damu

la hemorragia

mshtuko wa moyo

el infarto

kiharusi

el ictus

mzio

la alergia

kikohozi

la tos

homa

la fiebre

mafua

la gripe

kuharisha

la diarrea

maumivu ya kichwa

el dolor de cabeza

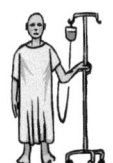

kansa

el cáncer

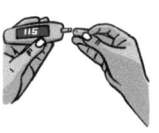

ugonjwa wa kisukari

la diabetes

daktari mpasuaji

el cirujano

kisu kidogo cha kupasulia

el bisturí

operesheni

la operación

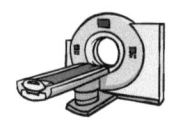

picha changanufu ya mwili

TAC

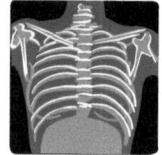

Eksrei

los rayos x

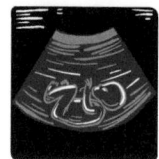

mawimbi sauti

el ultrasonido

barakoa ya uso

la mascarilla

ugonjwa

la enfermedad

chumba cha kusubiri

la sala de espera

mkongojo

la muleta

plasta

la tirita

bendeji

la venda

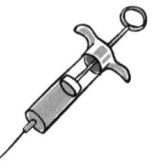

sindano

la inyección

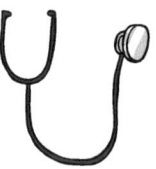

stetoskopu

el estetoscopio

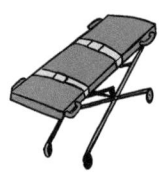

machela

la camilla

kipimajoto cha kliniki

el termómetro

kuzaliwa

el nacimiento

unene kupita kiasi

el sobrepeso

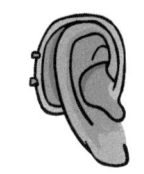

kusikia misaada

el audífono

kipukusi

el desinfectante

maambukizi

la infección

virusi

el virus

VVU / UKIMWI

VIH / SIDA

dawa

la medicina

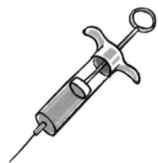

chanjo

la vacunación

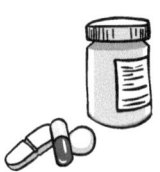

vidonge

las tabletas

kidonge

la pastilla

simu ya dharura

la llamada de urgencia

haemodainamometa

el tensiómetro

mgonjwa / mwenye afya

enfermo / sano

Msaada!

¡Socorro!

kengele

la alarma

pigo

el asalto

shambulizi

el ataque

hatari

el peligro

lango la dharura

la salida de emergencia

Moto!

¡Fuego!

kizima moto

el extintor de incendios

ajali

el accidente

vifaa vya huduma ya kwanza

el botiquín de primeros auxilios

wito wa msaada

SOS

polisi

la policía

Ulaya

Europa

Amerika ya Kaskazini

Norteamérica

Amerika ya Kusini

Sudamérica

Afrika

África

Asia

Asia

Australia

Australia

Atlantiki

el atlántico

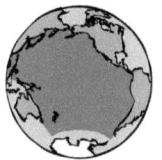

Pasifiki

el Pacífico

Bahari ya Hindi

el Océano Índico

Bahari ya Antaktiki

el Océano Antártico

Bahari ya Aktiki

el Océano Ártico

Ncha ya Kaskazini

el polo norte

Ncha ya Kusini
el polo sur

Antaktika
La Antártida

dunia
la tierra

nchi
la tierra

bahari
el mar

kisiwa
la isla

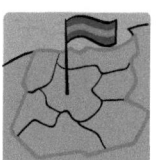

taifa
la nación

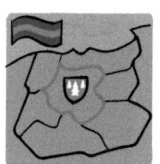

jimbo
el estado

uso wa saa

la esfera

akrabu ya saa

la manecilla de las horas

akrabu ya dakika

el minutero

akrabu ya sekunde

el segundero

Ni saa ngapi?

¿Qué hora es?

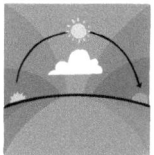

siku

el día

wakati

el tiempo

sasa

ahora

saa ya dijitali

el reloj digital

dakika

el minuto

saa

la hora

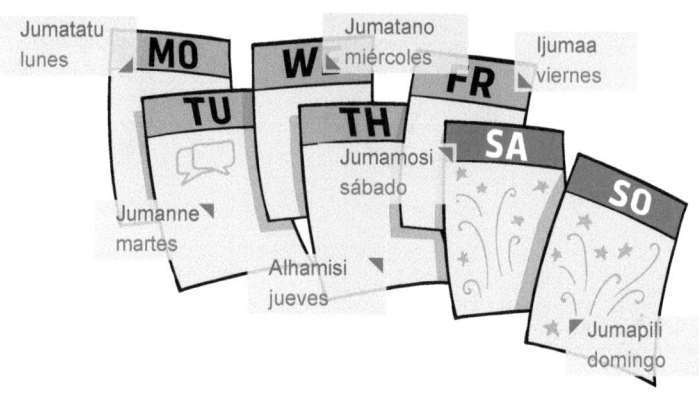

Jumatatu
lunes

Jumatano
miércoles

Ijumaa
viernes

Jumanne
martes

Jumamosi
sábado

Alhamisi
jueves

Jumapili
domingo

jana

ayer

leo

hoy

kesho

mañana

asubuhi

la mañana

saa sita mchana

el mediodía

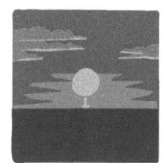

jioni

la tarde

siku za biashara

los días laborables

mwishoni mwa wiki

el fin de semana

mwaka
el año

mvua
la lluvia
upinde wa mvua
el arcoíris
theluji
la nieve
upepo
el viento
majira ya machipuko
la primavera
vuli
el otoño
kiangazi
el verano
majira ya baridi
el invierno

4.APRIL 11°
5.APRIL 4°
6.APRIL 13°
7.APRIL 8°
8.APRIL 10°

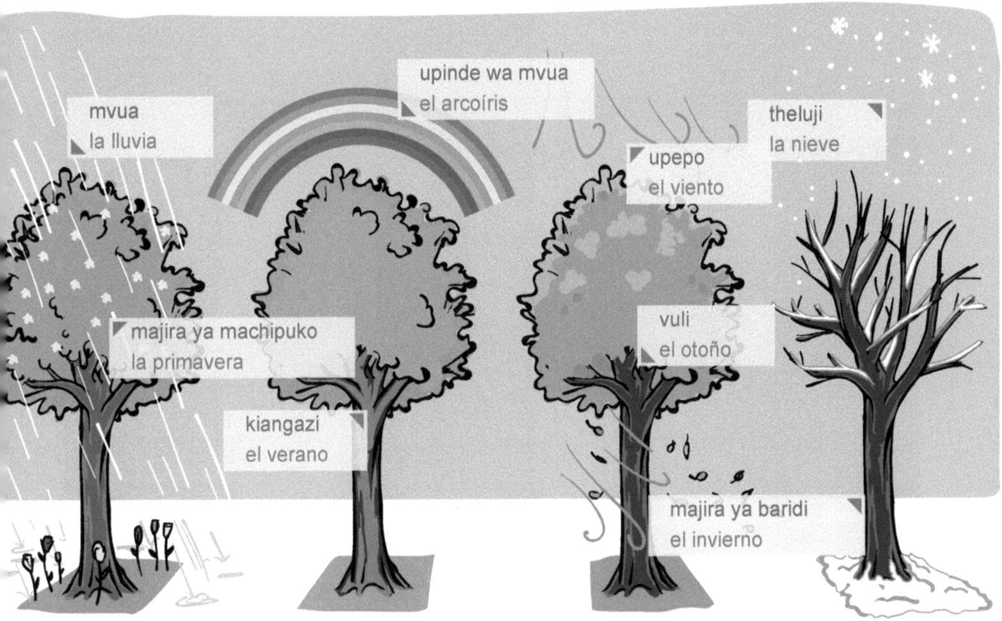

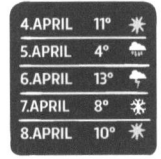

utabiri wa hali ya hewa

el pronóstico del tiempo

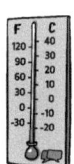

kipimajoto

el termómetro

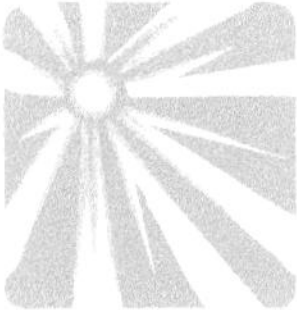

mwanga wa jua

el sol

wingu

la nube

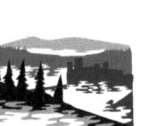

ukungu

la niebla

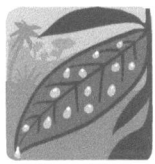

unyevu

la humedad

umeme

el rayo

radi

el trueno

dhoruba

la tormenta

mvua ya mawe

el granizo

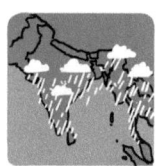

monsuni

el monzón

mafuriko

la inundación

barafu

el hielo

Januari

enero

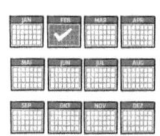

Februari

febrero

Machi

marzo

Aprili

abril

Mei

mayo

Juni

junio

Julai

julio

Agosti

agosto

Septemba
septiembre

Oktoba
octubre

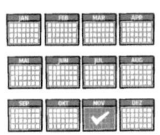

Novemba
noviembre

Desemba
diciembre

maumbo
las formas

mduara
el círculo

mraba
el cuadrado

mstatili
el rectángulo

pembetatu
el triángulo

nyanja
la esfera

mchemraba
el cubo

nyeupe

blanco

manjano

amarillo

chungwa

anaranjado

rangi ya waridi

rosa

nyekundu

rojo

hudhurungi

morado

bluu

azul

kijani

verde

hanja

marrón

jivujivu

gris

nyeusi

negro

mengi / kidogo

mucho / poco

hasira / pole

enojado / tranquilo

nzuri / mbaya

bonito / feo

mwanzo / mwisho

principio / fin

kubwa / ndogo

grande / pequeño

angavu / giza

claro / oscuro

kaka / dada

l hermano / la hermana

safi / chafu

limpio / sucio

kamilika / tokamilika

completo / incompleto

siku / usiku

el día / la noche

wafu / hai

muerto / vivo

pana / nyembamba

ancho / estrecho

kulika / kutolika

comestible / no comestible

ovu / ema

malo / amable

sisimkwa / udhika

entusiasmado / aburrido

nene / nyembamba

gordo / delgado

kwanza / mwisho

primero / último

rafiki / adui

el amigo / el enemigo

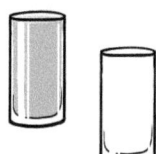

jaa / tupu

lleno / vacío

ngumu / laini

duro / blando

nzito / nyepesi

pesado / ligero

njaa / kiu

el hambre / la sed

mgonjwa / mwenye afya

enfermo / sano

haramu / kisheria

ilegal / legal

akili / kijinga

inteligente / tonto

kushoto / kulia

izquierda / derecha

karibu / mbali

cerca / lejos

mpya / kutumika

nuevo / usado

kitu / jambo

nada / algo

zee / changa

viejo / joven

waka / zima

encendido / apagado

wazi / fungwa

abierto / cerrado

utulivu / kelele

silencioso / ruidoso

tajiri / masikini

rico / pobre

sahihi / kosa

correcto / incorrecto

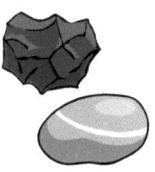

mbaya / laini

áspero / suave

huzunika / furahia

triste / contento

fupi /ndefu

corto / largo

polepole / haraka

lento / rápido

nyevu / kavu

húmedo / seco

joto / baridi

cálido / frío

vita / amani

guerra / paz

0

sufuri

cero

1

moja

uno

2

mbili

dos

3

tatu

tres

4

nne

cuatro

5

tano

cinco

6

sita

seis

7

saba

siete

8

nane

ocho

9

tisa

nueve

10

kumi

diez

11

kumi na moja

once

12

kumi na mbili

doce

13

kumi na tatu

trece

14

kumi na nne

catorce

15

kumi na tano

quince

16

kumi na sita

dieciséis

17

kumi na saba

diecisiete

18

kumi na nane

dieciocho

19

kumi na tisa

diecinueve

20

ishirini

veinte

100

mia

cien

1.000

elfu

mil

1.000.000

milioni

el millón

Kiingereza

el inglés

Kiingereza cha Marekani

el inglés americano

Kimandarini cha Uchina

el chino madarín

Kihindi

el hindi

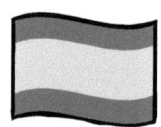

Kihispania

el español

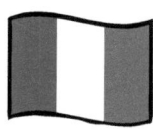

Kifaransa

el francés

Kiarabu

el árabe

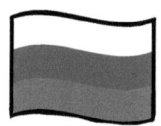

Kirusi

el ruso

Kireno

el portugués

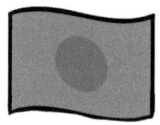

Kibengali

el bengalí

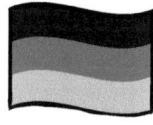

Kijerumani

el alemán

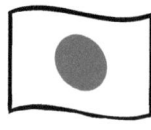

Kijapani

el japonés

mimi

yo

wewe

tú

yeye / yeye / ni

él / ella / ello

sisi

nosotros/as

wewe

vosotros/as

wao

ellos/as

nani?

¿quién?

nini?

¿qué?

jinsi gani?

¿cómo?

wapi?

¿dónde?

lini?

¿cuándo?

jina

el nombre

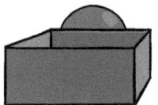

nyuma

detrás

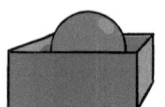

katika

en

mbele ya

delante de

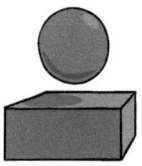

juu ya

por encima de

kwenye

sobre

chini ya

debajo de

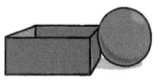

kando

junto a

kati

entre

mahali

el lugar